NOTICE

ABRÉGÉE

SUR LA VIE ET LES OUVRAGES

DE M. DE LA PORTE DU THEIL,

INSÉRÉE DANS LE CATALOGUE DE SA BIBLIOTHÈQUE.

NOTICE ABRÉGÉE

SUR LA VIE ET LES OUVRAGES

DE M. DE LA PORTE DU THEIL.

LA Bibliothèque dont on offre aujourd'hui le Catalogue au public, n'a point été, entre les mains du savant à qui elle a appartenu, un objet de luxe ou de simple amusement. Il suffit de parcourir les diverses parties de ce Catalogue pour se rappeler cette variété de connoissances, cette érudition vaste et solide, ce goût infatigable pour les recherches littéraires de tout genre, cette scrupuleuse investigation de la vérité, qui ont caractérisé M. de la Porte du Theil. La mémoire de ce savant n'a pas besoin des éloges que nous aimerions à lui donner, et c'est plutôt pour notre propre satisfaction, que pour recommander son nom à la reconnoissance et aux regrets des amis des lettres, que nous saisissons cette occasion de retracer brièvement les principales circonstances de sa vie, et de présenter la liste de ses travaux.

François-Jean-Gabriel DE LA PORTE DU THEIL étoit né à Paris en 1742, d'un père dont le nom se trouve attaché à un grand nombre des négociations les plus importantes du 18ᵉ siècle, qui plus d'une fois fut chargé de stipuler en chef les intérêts de la France, et qui, ambassadeur au congrès d'Aix-la-Chapelle, en 1748, avoit, dix ans auparavant, négocié et signé à Vienne le traité de paix en vertu duquel la Lorraine fut cédée à la France.

M. du Theil entra au service à l'âge de quatorze ans : pendant vingt-deux années qu'il y demeura, il fit plusieurs campagnes, et notamment celle de 1762, durant laquelle il fit constamment partie du corps des grenadiers et chasseurs de la maison du Roi.

La France étoit en paix lorsqu'il quitta la carrière militaire, après avoir obtenu la croix de Saint-Louis, et se dévoua tout entier à la culture des lettres qu'il n'avoit jamais abandonnées, et qui, dans l'ardeur même de la jeunesse, lui avoient souvent offert ou des préservatifs ou des consolations.

On ne doutera point qu'il n'eût bien employé ses loisirs, le jeune officier, qui à l'âge de vingt-sept ans, déjà connu par des productions littéraires qui lui avoient valu l'estime des savans, fut admis par l'Académie des Inscriptions et Belles-Lettres, à partager ses travaux et sa renommée.

Il n'avoit que trente-quatre ans, lorsqu'en 1776 le gouvernement le chargea de rechercher dans les bibliothèques de l'Italie, et spécialement dans celles de Rome, et dans les archives du Vatican, toutes les pièces inédites relatives à l'histoire de France ; huit années d'un travail sans relâche furent em-

ployées par M. du Theil à cette mission. En appli-
quant à ces recherches les connoissances qu'il pos-
sédoit déjà sur les monumens de notre histoire, il
s'enrichit d'une multitude de connoissances nou-
velles, et surtout il acquit cette soif ardente de
découvrir la vérité, et cette patience infatigable à
la poursuivre sans relâche, qui ne l'ont jamais
abandonné.

Le fruit des recherches de M. du Theil fut une
collection de 17,000 pièces, qui furent déposées à
la Bibliothèque du Roi.

M. du Theil, de retour à Paris en 1786, fut chargé
conjointement avec M. de Brequigny, son confrère
et son ami, de la publication du recueil des chartes,
diplômes, lettres, etc. concernant l'histoire de
France. Cette collection se composoit de deux
parties : l'une devoit contenir les chartes et diplômes proprement dits ; l'autre, les lettres des Papes,
des Rois, et des hommes constitués en dignité. Le
premier volume des Chartes, travaillé en commun
par MM. de Brequigny et du Theil, et les deux
premiers volumes de la seconde partie, consacrés
aux lettres du pape Innocent III, et uniquement
dus à M. du Theil, avoient déjà paru en 1791,
lorsque la révolution vint suspendre toutes les
entreprises littéraires, et tous les travaux qui ho-
noroient la France, et particulièrement l'Académie
des Belles-Lettres.

Cette Académie elle-même ne résista point à
l'orage qui devoit détruire tout ce qui étoit bon et

digne d'estime ; M. du Theil, privé tout à coup
et du fruit de tant d'années de travail, et de tous
les avantages que sembloient lui assurer ses services
et ses rares talens, n'abandonna point la culture
des lettres ; il s'y livra au contraire avec plus d'ardeur, et s'occupa successivement de divers ouvrages qui sont restés manuscrits, ou n'ont point
été terminés, tels qu'une édition et une traduction
de Pétrone, la collection des fragmens de Ménan-
dre, des Commentaires sur Athénée, le Voyage
pittoresque d'Égypte et de Syrie. Ses amis savent
par quel noble motif il renonça à donner au public
ses travaux sur Pétrone; et le sacrifice qu'il fit
dans cette occasion aux convenances, et au respect
qu'un homme de son âge et de son caractère devoit
aux mœurs publiques, honorera toujours sa mémoire.

La seule chose qu'on put reprocher à M. du
Theil, dans ses travaux littéraires, c'étoit d'aban-
donner quelquefois pour toujours des ouvrages
qu'il avoit entrepris avec ardeur, et de concevoir
subitement un dégoût, difficile à expliquer, pour ce
qu'il avoit d'abord embrassé avec une sorte de pas-
sion. C'est ainsi qu'il ne put jamais se déterminer
à reprendre son travail sur Æschyle, et les hommes de lettres regretteront éternellement qu'il
n'ait pas achevé d'élever ce monument au plus
ancien des tragiques grecs.

Cependant l'ouragan révolutionnaire s'étoit apai-
sé, et M. du Theil se trouva bientôt entouré de

nouveau de la considération qui lui étoit due, et indemnisé, du moins en partie, des pertes qu'il avoit éprouvées. Un caprice de celui qui avoit pris les rênes du gouvernement, plutôt qu'un projet mûrement délibéré, lui fit désirer une traduction françoise de la Géographie de Strabon. MM. du Theil, Gossellin et Coray furent chargés conjointement de ce travail. La traduction et les notes philologiques devoient être faites par MM. du Theil et Coray ; ils se partagèrent les dix-sept livres de l'original. De ce moment, M. du Theil se consacra entièrement à ce travail, dont une grande partie est déjà entre les mains du public ; et l'on peut dire qu'il ne vécut plus que pour l'exécution de cette entreprise, ne connoissant presque d'autre délassement que la distraction forcée qu'exigeoient ses fonctions de conservateur des manuscrits de la Bibliothèque du Roi, et son assistance aux séances de l'Institut. Ses notes sur les deux derniers livres de Strabon étoient achevées, quand les lettres l'ont perdu ; la traduction de ces mêmes livres ne s'est point trouvée : M. Letronne, chargé de remplacer M. du Theil pour ce travail, a été mis en possession de ces notes, et les a déposées à la Bibliothèque du Roi.

Nous n'avons tracé qu'une esquisse bien légère de la vie littéraire de M. du Theil. Il nous seroit plus aisé de peindre les qualités de son cœur ; son amitié a fait le bonheur de ceux qui l'ont connu, et peu de personnes en ont senti le prix et éprouvé

les douceurs, comme celui qui se plaît à lui rendre
ce foible témoignage d'attachement et de regrets.
La révolution qui avoit dérangé le plan de sa vie,
lui avoit laissé une certaine impression de mélan-
colie et d'effroi, qui a souvent troublé les jouis-
sances présentes qui suffisoient à son bonheur ;
mais cette disposition d'âme n'a jamais eu de péni-
bles effets que pour lui-même, et la bonté de son
caractère n'en a point été altérée. Un cercle d'an-
ciens amis, toujours les mêmes, formoit sa société
de tous les jours, et à leur tête étoit cette sœur qui
en le perdant a perdu tout ce qui l'attachoit à la
vie (1).

M. du Theil avoit été nommé membre de l'Académie royale des Inscriptions et Belles-Lettres en
1770 ; il étoit gentilhomme de la chambre de
Monsieur, comte de Provence (S. M. Louis xviii),
lorsque la révolution lui fit perdre cette charge. Il
fut nommé Membre de l'Institut à la formation
de cette compagnie, et l'un des Conservateurs de
la Bibliothèque royale, pour le département des
manuscrits, en l'an iii. Plusieurs fois, il fut membre de différens jurys d'instruction publique, et
ne se refusa jamais à aucun travail quand il crut
pouvoir être utile. Diverses académies étrangères
s'étoient fait un honneur de le compter au nombre
de leurs associés. Il avoit obtenu la décoration de
la Légion-d'Honneur dès le commencement de

____

(1) Il mourut le 28 mai 1815.

cette institution, et le Roi lui accorda, en 1814, le grade d'officier.

Les Mémoires de l'Académie des Inscriptions et Belles-Lettres, ceux de l'Institut, le Recueil des Notices et Extraits des manuscrits, contiennent un grand nombre de dissertations ou de mémoires de M. du Theil. Il a aussi enrichi le Magasin encyclopédique de plusieurs savantes notices, et dans tous ces morceaux on retrouve la même richesse de connoissances, la même variété d'érudition.

M. de Brequigny avoit laissé en mourant à M. du Theil diverses collections de pièces relatives à l'histoire de France, et particulièrement toutes celles qu'il avoit copiées sur les originaux conservés à la Tour de Londres. M. du Theil, nommé conservateur de la Bibliothèque du Roi, s'empressa de faire don des nombreux portefeuilles qui contenoient cette dernière collection, à l'établissement confié à ses soins. Tous les autres manuscrits de M. de Brequigny, légués à M. du Theil, ainsi que les manuscrits personnels de celui-ci, seront aussi déposés à la Bibliothèque royale, en vertu d'une décision du Ministre de l'intérieur. S. Exc. s'est plu à en assurer la conservation, et à donner en même temps, au nom du gouvernement, cette marque d'estime et d'intérêt à la mémoire d'un homme de lettres, dont toute la vie a été employée à de nobles et utiles travaux.

Les principaux Ouvrages publiés par M. du Theil sont :

Oreste, tragédie d'Æschyle, trad. du grec. *Paris,* 1770, *in*-8. N° 946 du Catalogue.

Traité de Plutarque sur la manière de discerner un flatteur d'avec un ami, et le Banquet des sept Sages, en grec et en françois. *Paris, Impr. royale,* 1772, *in*-8. N° 268.

Hymnes de Callimaque, en grec, avec une version françoise et des notes. *Paris, de l'Impr. royale,* 1775, *in*-8. N° 890.

Avis de Plutarque à de nouveaux mariés, traduits du grec en françois.

Cet opuscule se trouve dans l'ouvrage intitulé : *Poesie degli accademici Occulti, publicate in occasione delle nozze di Bald. Odescalchi, duca di Ceri, etc.* In Roma, 1777, in-8.

Les Amours de Léandre et de Héro, poëme de Musée, en grec et en françois. *Paris,* 1784, *in*-12. N° 923.

Théâtre des Grecs, par le P. Brumoy, nouvelle édition publiée par MM. de Rochefort et de la Porte du Theil. *Paris,* 1785, 13 *vol. in*-8. N° 936.

Diplomata, Chartæ, Epistolæ et alia documenta ad res francicas spectantia, ex diversis regni exterarumque regionum archivis ac bibliothecis eruta ; notis illustrarunt et ediderunt L. G. O. Feudrix de Brequigny et F. J. G. de la Porte du Theil. *Parisiis,* 1791, 3 *vol. in-folio.* N° 3484.

Théâtre d'Æschyle, trad. en françois, avec le texte grec en regard. *Paris, Imprimerie du Louvre, an III,* (1795), *2 vol. in*-8. N° 944.

Voyage pittoresque de la Syrie, de la Phénicie, de la Palestine et de la Basse-Égypte, d'après les dessins de M. Cassas. *Paris,* 1798, *in-fol.* N° 1943.

Géographie de Strabon, traduite du grec en françois, (par MM. de la Porte du Theil, Gossellin et Coray.) *Paris, Imprimerie du Louvre,* 1805, 3 *vol. in*-4. N° 1854.

On trouve, comme il a déjà été dit, dans les Mémoires de l'Académie des Inscriptions et Belles-Lettres, dans ceux de l'Institut, et dans les notices extraites des manuscrits de la Bibliothèque du Roi, etc. un grand nombre de Mémoires composés par M. de la Porte du Theil.

S. de S.